# Su nombre es JUAN

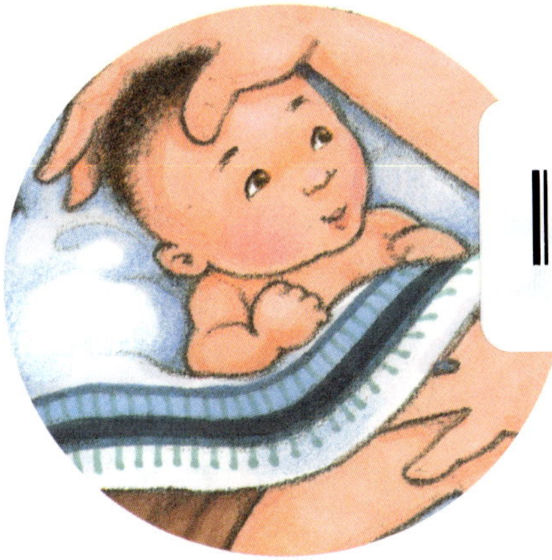

La historia de Juan el Bautista
Lucas 1:5-80, Marcos 1:1-8 para niños

Escrito por Erik Rottmann
Versión castellana de Cecilia Fau Fernández
Ilustrado por Michelle Dorenkamp

**Libros Arco®**

3558 S. Jefferson Avenue, St. Louis, MO 63118-3968
1-877-450-8694 • www.editorial.cph.org


Editorial Concordia es la división hispana de Concordia Publishing House.
Impreso en los Estados Unidos de América

Elisabet no podía tener hijos,
ya era de edad avanzada
en su hogar sentía un vacío
y se sentía muy apenada.

Un día, su esposo Zacarías,
ofrecía a Dios el incienso,
cuando se apareció un ángel
a darle un mensaje inmenso:

“Elisabet dará a luz un hijo,
y tendrá una gran misión
preparará el camino
por delante del Señor.

"Y los corazones duros
serán por él transformados."
"¿Cómo podrá ser esto
si los dos somos ancianos?"

"Confía" -le dijo el ángel-
"mudo te quedarás
hasta que nazca tu hijo,
cuyo nombre será Juan."

Estando Juan en la panza
oyó una dulce voz
llegó a visitar a Elisabet
la madre de nuestro Señor.

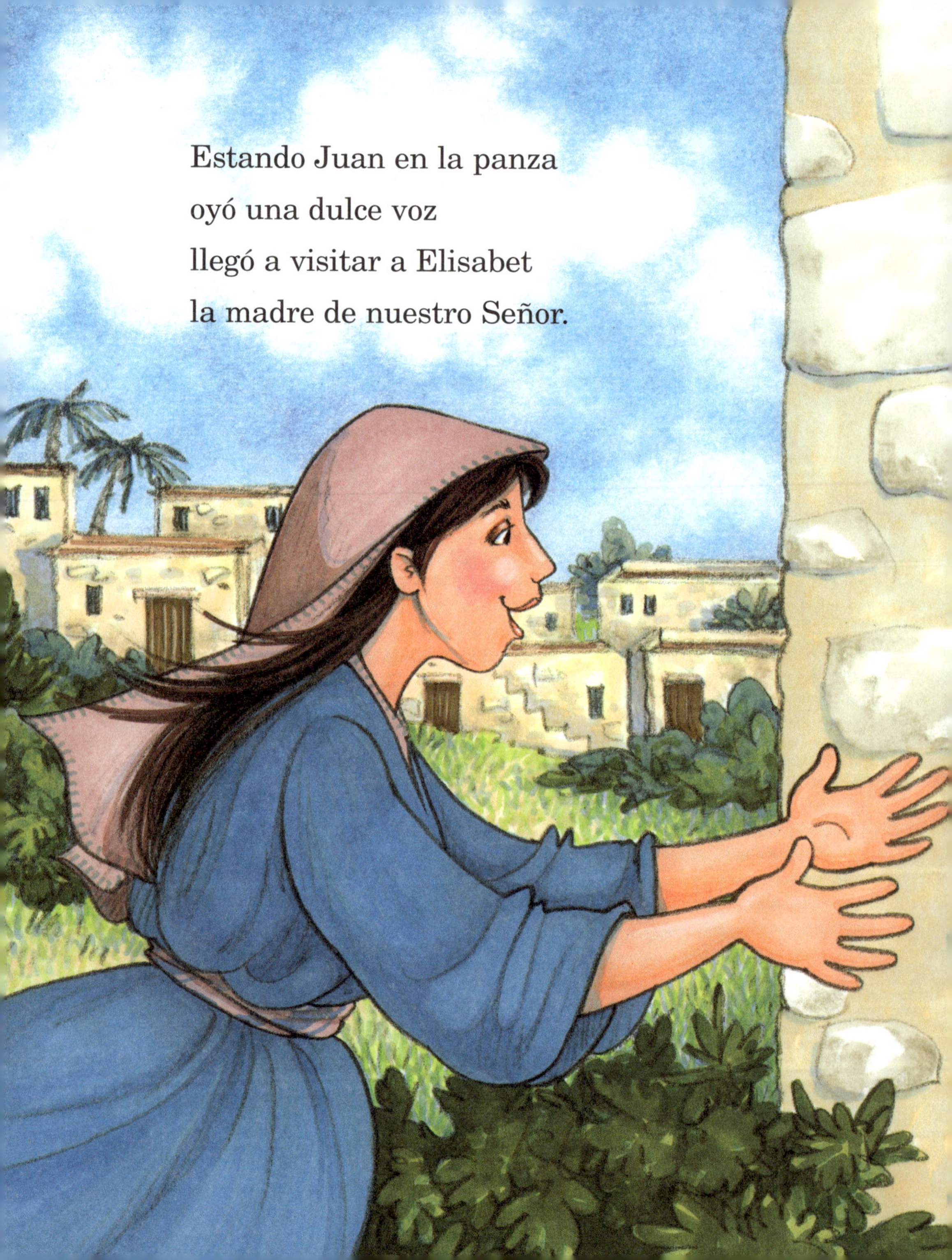

En su cálido escondite
Juan saltó de alegría
reconocía al Cordero,
que a todos bendeciría.

La virgen María llevaba
a Jesús dentro su vientre,
el Hijo de Dios, Salvador
para todos los creyentes.

Él moriría en la cruz,
por librarnos del pecado,
curaría a los enfermos,
él vendría a consolarnos.

Por fin el bebé nació
y los vecinos llegaban,
ellos creían que el niño
como el padre se llamaba.

"¡No, para nada!" -dijo Elisabet-
"El nombre del bebé es Juan."
Zacarías buscó una tabla
para poderlo anotar.

Con letras claras y grandes
escribió: "Su nombre es Juan"
y fue Dios que en ese instante
el habla le volvió a dar.

Y con la voz restaurada
cantó alabanzas a Dios:
¡Gracias por bendecirme,
y por ser tu servidor!

JUAN

"Tú, Juan, hijo querido,
anunciarás perdón, vida y luz,
señalando el camino
que lleva hacia Jesús."

Juan enseña que los niños,
de Dios son dulces regalos
Él se los da a sus papás
para cuidarlos y amarlos.

Todos los niños pueden ser salvos
por el bautismo que Juan mostró,
¡la poderosa Palabra
y la fe que Dios nos brindó!

Queridos padres:

"El Señor… bendice a grandes y pequeños" (Salmo 115:12-13). La historia del nacimiento de Juan el Bautista (Lucas 1) provee una linda oportunidad para enseñar a su hijo sobre los regalos que Dios nos da. En primer lugar, Juan enseña que no hay nacimientos "inesperados" sino que "los hijos son una herencia del Señor" (Salmo 127:3). Después de leer juntos la historia, puede explicarle a su hijo que, así como Dios les dio a Zacarías y Elizabet a Juan, Dios le dio un hijo a usted como bendición especial.

También puede usar la historia para enseñar a su hijo que Dios da el regalo milagroso de la fe (Efesios 2:8, Romanos 12:3) a los bebés también. Cuando Jesús habló de "estos pequeños que creen en mí" (Mateo 18:6), incluyó a los más pequeños de todos: los infantes. La voz de María proclamó que Cristo estaba cerca, mientras que estaba en su vientre. Al oír esta Palabra, Juan saltó de alegría en el vientre de su madre. De la misma manera cada niño puede oír la poderosa palabra de Dios que da vida desde la niñez (2 Timoteo 3:15). Cuando uno oye esta Palabra, arraigada en el Bautismo, el resultado es la vida eterna para usted y su niño.

El autor